LE PERCEMENT
DU SIMPLON

ET

LES INTÉRÊTS DE L'EUROPE OCCIDENTALE

PAR

L.-L. VAUTHIER

INGÉNIEUR DES PONTS ET CHAUSSÉES,
ANCIEN INGÉNIEUR EN CHEF DE LA LIGNE D'ITALIE PAR LE SIMPLON

1 FRANC

PARIS

LIBRAIRIE GERMER-BAILLIÈRE
17, RUE DE L'ÉCOLE-DE-MÉDECINE, 17

1875

PARIS. — IMP. NOUV. (ASSOC. OUV.), 11, RUE DES JEUNEURS
G. MASQUIN ET Cᵉ

LE PERCEMENT DU SIMPLON

ET

LES INTÉRÊTS DE L'EUROPE OCCIDENTALE

L'auteur de cet écrit, pénétré des dangers que fait courir aux intérêts de la France le prochain percement du Saint-Gothard, publiait l'année dernière un travail où il signalait la création d'un nouveau passage des Alpes au Simplon comme le seul moyen de maintenir, sur le territoire français, le courant de voyageurs et de marchandises qu'échangent avec l'Italie, l'Angleterre et la Belgique.

Depuis lors, un fait considérable est venu démontrer l'importance qu'attache l'Angleterre à faciliter et activer ses relations avec le Continent. La création d'un tunnel sous la Manche, conception utopique hier, est entrée aujourd'hui dans le domaine des réalités. D'éminents esprits, des ingénieurs de premier ordre ont pris en mains cette idée et lui donnent un caractère pratique. Des deux côtés du détroit, des concessions ont été demandées, et bientôt vont commencer les derniers travaux de recherche qui prépareront l'œuvre définitive.

Il semble que le moment est venu d'appeler de nouveau l'attention publique sur le Simplon, en montrant le lien qui rattache, pour la France et l'Angleterre, l'établissement de ce nouveau passage des Alpes au tunnel sous la Manche.

C'est là le but de l'analyse que nous donnons ci-après de notre travail de l'année dernière.

I

La France et, par elle, l'occident de l'Europe possèdent aujourd'hui deux portes ouvertes sur l'Italie pour leurs communications par voies ferrées. C'est, d'une part, le tunnel du mont Cenis, et, de l'autre, le littoral de la Méditerranée, où se développe, par la Corniche et Savone, la ligne de Nice à Gênes. L'attraction que ces deux lignes exercent sur le trafic de l'ouest de l'Europe s'étend, par delà le Rhin, jusqu'aux limites du bassin commercial correspondant au passage du Brenner qui, à travers les Alpes du Tyrol, met en communication la haute Italie avec l'Autriche et la Bavière.

Mais on travaille au percement du Saint-Gothard. Fortement subventionnée par les gouvernements intéressés, cette grande entreprise, commencée depuis le 1er octobre 1872, marche avec une rapidité chaque jour croissante. Au commencement de la présente année, 3 kilomètres de galeries étaient ouverts déjà, et quoique la longueur du tunnel atteigne presque 15 kilomètres, dans six ans certainement, bien avant six ans peut-être, la locomotive franchira les Alpes Pennines entre Gœschenen et Airolo.

Quelles seront les conséquences de l'ouverture de cette nouvelle voie ferrée internationale? Le Saint-Gothard ne va-t-il pas non-seulement ouvrir un nouveau lit au courant commercial de la rive droite du Rhin, mais encore étendre son action sur la rive gauche, et attirer à lui les voyageurs et les marchandises qui, du Nord et de l'Est de la France, de la Belgique et de l'Angleterre, se dirigent vers l'Italie et l'Orient? C'est ce qu'il importe d'examiner.

II

Dans la concurrence que se font des voies de transport desservant les mêmes points extrêmes, un grand nombre d'éléments interviennent. Les abaissements de tarifs, la coalition des Compagnies co-intéressées, peuvent détourner les marchandises de leurs directions naturelles, et leur faire subir des déviations considérables. De même, pour les voyageurs, — auxquels le temps gagné importe surtout, — des gênes factices de service, l'absence de concordance des trains, peuvent réduire, même annuler, les avantages d'une réduction dans la durée réelle du trajet en wagon. Mais ces perturbations, qui prennent dans certains cas des proportions si fâcheuses, n'ont cependant qu'un caractère accidentel et transitoire. La concurrence seule tend à les abolir; la réglementation prête au besoin son concours à la concurrence et toutes deux parviennent à rendre aux lois naturelles leur prépondérance légitime.

Ces lois naturelles sont : que, quoi qu'on fasse, la vitesse possible est moindre sur les voies ferrées à fortes rampes que sur celles faiblement inclinées; et que, sur les premières, les frais de traction sont plus considérables que sur les secondes. Donc, à longueur égale, une ligne à faibles pentes est parcourue plus rapidement et à moindres frais qu'une ligne à fortes pentes; d'où il suit que, pour apprécier exactement quelle est, par voie ferrée, la direction la plus avantageuse à suivre entre deux points donnés, il ne suffit pas de savoir quelle est la plus courte des deux sur la carte, mais il faut faire entrer en ligne de compte les fortes déclivités qui se rencontrent sur chacune d'elles, et ne mettre en rapport les longueurs qu'après cette réduction, sinon à l'horizontale, du moins au même type.

Dans le travail que nous résumons, il a été établi, par des considérations extrêmement simples, qui ne discordent pas avec la théorie, mais sont déduites de la pratique seule et confirmées par elle, qu'en comparant les lignes de plaine, ou à faibles pentes, à celles qui présentent des déclivités de 15 millimètres par mètre et au-dessus, les allongements dus aux fortes rampes s'obtiennent en multipliant la hauteur franchie dans les deux sens par les coefficients du tableau suivant, dont jusqu'à ce jour, à notre connaissance, les chiffres n'ont pas été contestés :

DÉCLIVITÉS des rampes en millimètres (1)	COEFFICIENTS D'ALLONGEMENTS applicables aux tracés: de grandes chaînes de montagnes (2)	de montagnes ordinaires (3)	RAPPORTS des durées de parcours et des frais de traction sur fortes rampes ou en plaine, suivant qu'il s'agit: de grandes chaînes de montagnes (4)	de montagnes ordinaires (5)
15	65	45	1.975	1.675
20	76	55	2.520	2.100
25	82	60	3.050	2.500
30	86	65	3.640	2.950
40	95	70	4.800	3.800

Expliquons sur un cas particulier le sens et l'emploi de ce tableau, et prenons pour exemple la rampe de 25 millimètres. Pour ramener au type de la plaine un tracé de 40 kilomètres, par exemple, comportant sur 20 kilomètres de pareilles déclivités, tant en rampes qu'en pentes, il faut multiplier la somme des hauteurs franchies dans les deux sens, laquelle est de 500 mètres, par 82 (2ᵉ colonne) pour les tracés de grandes chaînes, par 60 (3ᵉ colonne) pour les montagnes ordinaires; ce qui donne 41 kilomètres d'allongement dans le premier cas, 30 kilomètres dans le second, et conduit par suite à remplacer la distance réelle de 40 kilomètres par les distances *virtuelles* ou *majorées* : 81 kilomètres dans le premier cas, 70 kilomètres dans le second. Remarquons d'ailleurs que les majorations calculées ci-dessus s'obtiendraient également en multipliant respectivement les 20 kilomètres à fortes pentes par les rapports 3.05 et 2.50 des

4e et 5e colonnes du tableau, et ajoutant ensuite au résultat les 20 kilomètres à pentes faibles.

C'est en faisant usage des données du tableau qui précède que nous sommes arrivé, dans la comparaison des divers passages des Alpes qui nous intéressent, à savoir : le mont Cenis, le Saint-Gothard et le Simplon, aux conclusions que nous allons résumer.

III

La ligne du mont Cenis est en exploitation ; toutes les conditions du tracé sont bien connues. Nous avons, dans notre travail antérieur, fixé, d'après les itinéraires, à 245 kilomètres la distance réelle de Culoz à Turin, et, — sans tenir compte des fortes déclivités de la section de Culoz à Saint-Jean, — évalué à 141 kilomètres l'allongement résultant des fortes rampes d'accès au tunnel, lesquelles rachètent une hauteur totale de 1,618 mètres. C'est d'après ce point de départ que nous avons établi nos distances de parcours *réelles* et *majorées.* Quoique l'allongement admis soit plutôt faible que fort, nous croyons ne devoir rien changer à ces distances.

La ligne du Saint-Gothard est en voie de construction. On perce le grand tunnel et les projets des abords ont été étudiés avec assez de soin pour que l'exécution n'y apporte que de minimes changements. Toutes les conditions du tracé sont donc certaines pour la traversée même des Alpes. Quant aux lignes d'accès, à partir de Lucerne, d'une part, jusqu'à Milan, de l'autre, elles présentent aussi des sections à fortes rampes, et il faut nécessairement tenir compte des allongements qui y correspondent.

Dans notre travail antérieur, nous avons admis, pour longueur réelle de l'ensemble des tronçons non encore ouverts entre Lucerne et Camerlata, le chiffre de 235 kilomètres, et évalué à 152 kilomètres la somme des allongements dus aux fortes pentes, — cette somme comprenant 120 kilomètres pour le passage principal et 32 kilomètres pour les lignes d'accès.

Il n'y a rien à changer ni à la distance *réelle* de Lucerne à Camerlata, ni à l'allongement calculé pour le passage principal. Mais, en ce qui touche les lignes d'accès, nous avions chiffré trop haut l'allongement de la section comprise entre Bellinzona et Camerlata. D'après de nouvelles études, les rampes de cette section doivent être réduites, et l'adoption d'un tunnel de faîte au *monte Cenere* diminue la somme des hauteurs franchies; — ce qui abaisse de 32 kilomètres à 24 l'allongement correspondant à cette section du tracé. Il y aurait donc à diminuer de 8 kilomètres les distances *majorées* sur lesquelles nous avions tablé, si d'autre part il n'y avait lieu de tenir compte des fortes pentes qui ne peuvent manquer de se rencontrer entre Lucerne et Fluelen, sur 47 kilomètres de développement, dans une région extrêmement accidentée. Cet élément, que nous avions négligé, ferait plus que compenser ce que nous avions en trop; et pour le Saint-Gothard, comme pour le mont Cenis, en conservant nos données antérieures, nous restons plutôt au-dessous qu'au-dessus de la vérité.

En ce qui concerne le Simplon, nous avions d'abord à opter entre les diverses solutions proposées pour ce passage. Au point de vue qui nous occupe, nous avons démontré qu'une seule était acceptable : celle qui place le tunnel le plus bas possible et permet à la fois d'avoir un tracé extrêmement court et un profil à faibles pentes. Nous avons montré ensuite quelle aptitude exceptionnelle présente le massif des Alpes au Simplon pour une solution de ce genre, et fait voir qu'on peut, sans s'élever, pour la tête nord, au-dessus de l'altitude de 740 mètres, la tête sud étant encore beaucoup plus bas, franchir les Alpes en ce point avec un tunnel d'un peu plus de 18 kilomètres, tout en ne dépassant pas la déclivité de 20 millimètres pour les rampes d'accès, d'ailleurs fort courtes; de telle sorte qu'il n'y a plus, d'un côté de la montagne à l'autre, — entre Brigue et Domodossola qu'on peut atteindre tous deux avec des rampes de 10 millimètres, — qu'une distance réelle de 38 kilomètres, à laquelle s'ajoute, pour majoration due aux fortes pentes, un allongement égal de 38 kilomètres.

Cette solution remarquable, qui tend à donner au Simplon une prépondérance marquée sur tous les grands passages des Alpes et ferait de la voie ferrée internationale une ligne de plaine, soustraite à tous les inconvénients et dangers des climats de montagne, n'est d'ailleurs pas d'un coût extrêmement élevé. Les 38 kilomètres de Brigue à Domo pourraient être exécutés pour 83 millions de francs, dont 63,400,000 francs pour le grand tunnel; et, avec la rapidité de marche qu'ont prise aujourd'hui les galeries du Saint-Gothard, moins de huit ans suffiraient, au Simplon, pour percer de part en part la montagne.

Du côté du sud, la ligne d'accès au passage est courte, et son profil extrêmement facile. Au nord, dans la vallée du Rhône, une portion notable de la ligne d'accès est déjà construite, et les rampes n'y dépassent pas 10 millimètres; mais en continuant vers le nord-ouest, dans la direction de Paris et de l'Angleterre, on rencontre le massif du Jura, où l'on retrouve de fortes rampes, et une hauteur considérable à racheter, — ce qui entraîne, pour allongement, une majoration de 72 kilomètres.

En fixant à 51 kilomètres la longueur de la section de Jougne, non encore ouverte, nous avons tablé, pour la ligne du Simplon, sur une distance réelle de 309 kilomètres entre Pontarlier et Arona, où l'on rejoint de grandes voies ferrées en exploitation. Avec les majorations dues aux fortes pentes, cette distance devient 419 kilomètres. Il n'y a rien à changer à ces appréciations, qui sont plutôt au-dessus qu'au-dessous de la vérité.

IV

C'est au moyen des éléments dont nous venons de signaler les plus essentiels qu'est établi le tableau des distances réelles et majorées que nous reproduisons ci-après.

Dans ce tableau figurent comme objectifs, de l'autre côté des Alpes, le port de Gènes, et les villes de Milan et Plaisance, qui sont des clefs de position pour les voies ferrées situées au-delà. De ce côté ci, outre les places de Genève, Lyon, Paris et Bâle, le tableau com-

INDICATION des POINTS RELIÉS ENTRE EUX	DISTANCES — LIGNE du littoral.	MONT CENIS — réelles.	MONT CENIS — majorées	SIMPLON — réelles.	SIMPLON — majorées.	SAINT-GOTHARD — réelles.	SAINT-GOTHARD — majorées.
(1)	(2)	(3)	(4)	(5)	(6)	(7)	(8)
Genève — Gênes	»	477	**618**	459 (*a*)	**497**	»	»
d° — Milan	»	461	**602**	347 (*a*)	**385**	»	»
d° — Plaisance	»	499 (*b*)	**640**	416 (*a*)	**454**	»	»
Lyon — Gênes	»	513	**654**	625 (*c*)	**663**	»	»
d° — Milan	»	497	**638**	513 (*c*)	**551**	»	»
d° — Plaisance	»	585 (*b*)	**676**	582 (*c*)	**620**	»	»
Mouchard — Gênes	»	606 (*d*)	**747**	550 (*e*)	**660**	714 (*f*)	**927**
Dijon — Gênes	»	654	**795**	628 (*g*)	**738**	»	»
Saincaize — Gênes	»	723 (*h*)	**864**	835 (*i*)	**873**	»	»
d° — Milan	»	707	**848**	723 (*i*)	**761**	»	»
d° — Plaisance	»	745	**886**	792 (*i*)	**830**	»	»
Paris — Gênes	»	970	**1111**	944	**1054**	1066	**1238**
d° — Milan	»	954	**1095**	832	**942**	898	**1070**
d° — Plaisance	»	992	**1133**	901	**1011**	967	**1139**
Saint-Rambert — Milan	»	493 (*k*)	**634**	575 (*l*)	**613**	»	»
d° — Plaisance	»	531	**672**	644 (*l*)	**682**	»	»
St-Georges-d'Aurat — Gênes	**742**	»	»	815	**853**	»	»
d° — Milan	**894**	»	»	703	**741**	»	»
d° — Plaisance	**889**	»	»	772	**810**	»	»
Olten — Gênes	»	»	»	587	**625**	503	**655**
d° — Milan	»	»	»	475	**513**	335	**487**
Turgi — Gênes	»	»	»	623	**661**	529	**681**
Bâle — Gênes	»	»	»	626	**684**	542	**714**
Waldshut — Gênes	»	»	»	640	**678**	546	**698**
Herzogenbuschée — Milan	»	»	»	448	**486**	362	**514**
Besançon — Milan	»	»	»	479 (*m*)	**589**	551 (*n*)	**723**
Belfort — Milan	»	»	»	575 (*o*)	**685**	456 (*n*)	**628**
Vesoul — Milan	»	»	»	543 (*o*)	**653**	517 (*n*)	**689**
Blainville-la-Grande — Milan	»	»	»	688 (*p*)	**798**	643 (*n*)	**815**

OBSERVATIONS (9)

OBSERVATION GÉNÉRALE. — Les allongements au moyen desquels ont été formées les distances majorées sont les suivants :

(A) Mont Cenis, 141 kilometres ;
(B) Simplon, 38 kilomètres ;
(C) Saint-Gothard, 152 kilomètres ;
(D) Ligne de Jougne, 72 kilomètres ;
(E) Ligne des Verrières, 61 kilomètres ;
(F) Ligne d'Olten à Bâle, 20 kilomètres ;

POINTS DE PASSAGE PRINCIPAUX DES ITINÉRAIRES

(*a*) Par Annemasse et Le Châblais.
(*b*) Par Alexandrie.
(*c*) Par Culoz, Collonges et Annemasse.
(*d*) Par Bourg et Culoz.
(*e*) Par Jougne et Lausanne.
(*f*) Par les Verrières et Neuchâtel.
(*g*) Par Mouchard.
(*h*) Par Mâcon et Culoz.
(*i*) Par Mâcon, Culoz et Collonges ;

NOTA — Par Chagny, Châlon et Mouchard, les distances réelles seraient moindres ; mais les distances majorées, affectées de l'allongement (D), seraient plus considérables.

(*k*) Par Grenoble.
(*l*) Par Lyon.
(*m*) Par Mouchard.
(*n*) Par Bâle.
(*o*) Par Besançon.
(*p*) Par Vesoul.

prend les principales bifurcations qu'il est nécessaire de considérer pour déterminer les régions appartenant au bassin de tel ou tel passage.

La composition du tableau s'explique d'elle-même moyennant les observations suivantes.

Quoique les principales comparaisons doivent porter le sur Mont-Cenis, le Simplon et le Saint-Gothard, on a dû donner quelques chiffres se rapportant à la ligne du littoral de la Méditerranée. De plus en dehors des distances spéciales de Lucerne à Camerlata, pour le Saint-Gothard, et de Pontarlier à Arona, pour le Simplon, — sur lesquelles nous nous sommes expliqué précédemment, — toutes les autres distances réelles sont empruntées aux indicateurs des chemins de fer français et étrangers. Enfin, les points de passage des itinéraires suivis sont signalés à la colonne d'observation, où se trouvent aussi récapitulés les éléments relatifs aux majorations de distance.

Les différences virtuelles de parcours d'un objectif à l'autre résultent immédiatement de la comparaison des distances majorées, et le tableau seul suffit pour conduire aux conséquences qui sont l'objet de cet écrit. Celles-ci sont toutefois bien plus nettement mises en évidence, sur la carte des chemins de fer de l'Europe centrale annexée à ce travail, — carte où sont tracées, d'après le principe de l'équidistance, les limites des zones commerciales des divers passages dans leurs relations mutuelles, suivant que l'on n'ouvre pas ou que l'on ouvre celui du Simplon.

Voici le sens de ces différents tracés, faits en lignes pointillées bleues et rouges et en traits pleins de ces deux couleurs accompagnés de hachures.

Le trait bleu pointillé passant au sud de Paris et allant de Besançon à l'embouchure de la Seine donne, en prenant Milan pour objectif, la ligne de partage qui séparerait les bassins du Mont-Cenis et du Saint-Gothard, pour le cas où il n'existerait pas de passage intermédiaire. Au départ de Plaisance, Paris se trouverait sur la limite même des bassins, et, en choisissant Gènes pour objectif, la ligne séparative serait assez fortement rejetée au nord de Paris. Mais cette dernière ligne n'a que peu d'importance et n'a pas été tracée, Marseille restant, quoi qu'il arrive, le port de tout le marché français sur la Méditerranée.

Les traits pleins accompagnés de hachures se rapportent au cas où le Simplon serait ouvert. Ils donnent les limites du bassin de ce passage, ceux de couleur rouge au départ de Gênes, ceux de couleur bleue au départ de Plaisance. Pour Milan, au nord, la limite ne varierait pas; au sud, elle descendrait un peu et serait encore plus favorable au Simplon.

Quant à la transversale en pointillé rouge, qui se développe de Culoz à Bâle, par le versant français du Jura, elle marque, dans la direction du nord-ouest, la limite qui sépare le bassin du port de Gênes de ceux des ports de la Manche et de la mer du Nord. Cette ligne montre combien est minime, pour ne pas dire négligeable, la zone du territoire français, que la loi de la plus courte distance rattacherait à Gênes.

V

Les conséquences que notre but est de faire ressortir se dégagent nettement des tracés dont nous venons d'indiquer la signification.

Par l'ouverture du Saint-Gothard, en l'absence du Simplon, la zone commerciale des chemins de fer français donnant accès en Italie, — laquelle s'étend aujourd'hui de l'autre côté du Rhin jusqu'à la rencontre du bassin du Brenner, — se trouverait fortement réduite et n'irait même plus jusqu'à la Seine. Toute la région nord-est de la France viendrait à dépendre, pour ses relations avec l'Italie centrale et l'Orient, d'un passage que l'Allemagne subventionne, abandonnerait le réseau de la vallée du Rhône pour celui de l'Est, et aurait tendance à emprunter, sur de longs parcours, des lignes étrangères. Il en serait de même de la Belgique et de l'Angleterre, et ici le mal serait plus grave, parce que, nonobstant l'établissement du tunnel sous la Manche, les voies les plus courtes qui s'offriraient à ces deux pays pour franchir les Alpes les attireraient vers la vallée du Rhin, en dehors de notre territoire.

Quel est le moyen de conjurer ce danger, puisque le Mont-Cenis ne peut, si ce n'est pour le Piémont, lutter avec le Saint-Gothard? N'est-ce pas de profiter des conditions techniques si exceptionnelles qu'offre le Simplon pour établir là une pénétration centrale, une porte nouvelle, qui ramène sur les voies ferrées françaises le grand mouvement de transit qu'elle courraient sans cela risque de perdre?

D'après les résultats inscrits au tableau ci-dessus, sur des distances de 942 kilomètres entre Paris et Milan, de 1,011 kilomètres entre Paris et Plaisance, le Simplon fait gagner: par rapport au Mont-Cenis, 153 et 122 kilomètres; par rapport au Saint-Gothard, 128 kilomètres pour les deux objectifs. Il y a là un fait considérable, d'autant plus important qu'à mesure qu'on se rapproche de la barrière des Alpes, la différence des parcours allant en croissant, l'avantage relatif du Simplon est de plus en plus marqué.

Les abréviations de parcours, quand elles ont l'importance que nous venons de signaler, tendent à produire trois effets distincts pour les régions qu'elles intéressent :

Elles peuvent changer le sens des courants se dirigeant vers les ports d'exportation et d'importation maritimes;

Elles peuvent ensuite mettre utilement en relations des marchés fermés jusque-là les uns aux autres par la longueur et la cherté des trajets;

Elles peuvent, enfin, ouvrir un nouveau lit aux courants de transit existants, et accroître l'intensité de ceux-ci par l'avantage même qu'elles leur procurent.

Le percement du Simplon produirait ces divers effets, mais dans des proportions bien différentes.

Au point de vue des importations et exportations, il n'intéresserait que la Suisse romande, dont Gênes deviendrait le port naturel sur la Méditerranée.

En ce qui concerne les marchés auxquels il ouvrirait des relations nouvelles, son efficacité serait beaucoup plus considérable. Comme l'a démontré notre précédent travail, par le Simplon, les charbons des bassins français iraient remplacer les houilles anglaises dans toute la haute Italie, ce qui ne peut être réalisé ni par le mont Cenis, ni par la ligne du littoral. De même, en plaçant Gray à 522 kilomètres seulement de Milan, le Simplon ouvrirait entre les marchés de céréales de la Lombardie et nos marchés de l'Est des relations actuellement impossibles. Il en serait de même pour les vins et une foule de produits naturels ou fabriqués, dont l'élévation des frais de transport empêche l'échange aujourd'hui.

Toutefois, c'est incontestablement au point de vue du transit international que le percement du Simplon présenterait pour la France, l'Angleterre, la Belgique et l'Italie le plus grand avantage relatif.

La France et l'Angleterre se préparent aujourd'hui à faire une dépense d'environ 200 millions, pour réduire de une heure et demie la durée du trajet entre Londres et Paris, et surtout éviter les ennuis d'un double transbordement et d'une traversée maritime de 35 kilomètres.

Cela montre à quel point les voyageurs apprécient l'abréviation des trajets, et plus encore combien ils préfèrent la locomotion sur rails aux secousses du roulis et du tangage que les plus confortables paquebots ne leur épargnent pas. Il ne peut donc être douteux que, lorsqu'on trouvera des moyens de transport pour l'Orient et les Indes, soit à Brindisi, soit dans le golfe de Tarente, on préférera de beaucoup un supplément de voyage sur rails de 1,000 à 1,100 kilomètres, exigeant au maximum 20 à 22 heures, au trajet maritime de près de 100 heures, entre Marseille et le détroit de Messine,

Cela étant, la péninsule Italique doit forcément, un jour, servir dans toute sa longueur de lit au grand courant de voyageurs qui du nord-ouest de l'Europe se porte vers le fond de la Méditerranée et la mer des Indes.

Dans ces conditions, à quel succès est appelé un passage des Alpes, qui abrégera de près de trois heures le grand trajet à faire de Paris à l'extrémité de l'Italie!

Et remarquons-le, si pour une grande ligne de transit, en partie concurrencée par la mer, comme celle que nous considérons, ce sont les voyageurs qui fournissent le principal élément de recettes, les marchandises à grande vitesse ne doivent pas être toutefois complétement négligées. Ces marchandises, sur les lignes françaises, représentent 30 0/0 du produit des voyageurs. Il n'y a nulle raison pour qu'il n'en soit pas de même sur la grande ligne internationale. Le temps des marchandises de haut prix est précieux comme celui des hommes; sans cela la navigation à vapeur ne se substituerait pas si promptement à la navigation à voiles, pour les plus longs parcours maritimes.

VI

Le haut intérêt du percement du Simplon ne peut donc être contesté, et si l'Angleterre doit en profiter dans une large mesure, il n'est pas douteux que, par des motifs divers, l'Italie, la Suisse et la France surtout en bénéficieront plus directement encore.

Ces considérations avaient certainement frappé les nombreux membres de l'Assemblée nationale qui, en 1873, déposaient une proposition de subvention de 48 millions de francs en faveur de ce passage des Alpes. Les graves préoccupations politiques de ces derniers mois ont malheureusement détourné les esprits des questions économiques les plus pressantes, et, lorsque celle du Simplon est venue à la tribune, le 6 décembre dernier, elle y a passé presque inaperçue, sans que des mesures suffisamment efficaces aient été prescrites à son égard. Ce n'est là qu'un ajournement. Elle y sera ramenée certainement, et il sera alors répondu aux quelques objections qu'elle a soulevées.

Ces objections sont de trois sortes.

Les unes se rattachent à l'intérêt des chemins de fer français et à celui du port de Marseille, qu'on juge menacés; d'autres ont pour base des considérations stratégiques, et l'on s'est aussi demandé si, en admettant la nécessité d'un passage intermédiaire entre le Mont-Cenis et le Saint-Gothard, ce ne serait pas au mont Blanc, au lieu du Simplon, qu'il faudrait l'ouvrir.

Disons quelques mots de ces divers points.

En ce qui concerne Marseille, les déviations produites par les passages des Alpes entre la mer et le Saint-Gothard ne peuvent ébranler que dans une faible mesure la suprématie que ce grand port possède aujourd'hui, sur la Méditerranée, pour l'ensemble du mouvement commercial au nord et à l'ouest des Alpes. Même le Simplon ouvert, Marseille est beaucoup plus près de Paris que Gênes, et il n'est pas plus distant de Genève. D'une manière générale, l'abaissement de la barrière des Alpes, jusques et y compris le Simplon, ne peut nuire à Marseille. Cet abaissement ne tend à lui faire échec que sur un point spécial : celui des grands services maritimes dont les ports de l'extrémité de l'Italie peuvent lui disputer une part. Mais ce danger relève de la nature des choses, et tient à l'ensemble des passages Alpes. Le Mont-Cenis, le Saint-Gothard surtout suffisent pour le rendre effectif. Le Simplon n'y ajouterait rien ou presque rien. Si les raisons qui peuvent déterminer la déviation d'un certain courant de voyageurs vers le golfe de Tarente sont réelles, cette déviation n'a pas besoin du Simplon pour s'établir, et le nouveau passage, tout en ouvrant un lit plus facile au courant, n'augmenterait pas l'intensité de la déviation.

Le Simplon ne menace donc aucunement, par lui-même, les intérêts de Marseille, et c'était là le point essentiel à démontrer. Car, en ce qui touche les chemins de fer français, loin de leur nuire, le Simplon leur est, au contraire, indispensable pour lutter contre des concurrences étrangères. Si ce passage a, comme nous croyons l'avoir prouvé, la puissance de ramener en territoire français un courant que le Saint-Gothard attirerait hors de nos frontières, n'est-il pas évident, en effet, qu'il ne peut, dans l'ensemble, que favoriser le trafic de nos voies ferrées, notamment de celles qui se dirigent de Paris vers le sud-est? Oui, dira-t-on, mais si le Simplon accroît, ou du moins empêche de décroître le mouvement de nos voies ferrées, n'aura-t-il pas pour effet d'y produire quelques changements d'assiette? La réponse n'est pas douteuse. Il serait impossible qu'il en fût autrement. Il est clair que, de Dijon, c'est vers le Jura, au lieu du mont Cenis, que se porterait le courant de voyageurs. Mais cela peut-il être reproché au Simplon, lorsqu'il est démontré, d'une part, qu'avec lui l'intensité du courant général est beaucoup plus forte; et, d'autre part, que, sans le Simplon, une fois le Saint-Gothard ouvert, ce ne serait plus par Lyon, mais par Bâle, que de Paris on gagnerait les Alpes?

Passons aux considérations stratégiques.

Le Simplon, dit-on, n'est pas en territoire français. L'une de ses portes est à l'Italie, l'autre à la Suisse. De là un danger. Au point de vue exclusivement militaire, notre intérêt exigerait qu'il ne fût pas ouvert au travers des Alpes d'autres passages que ceux dont la France garde au moins une porte.

En thèse absolue, au point de vue défensif, le seul qu'on puisse songer à faire intervenir ici, cette argumentation est irréfutable. Un mur d'enceinte doit avoir le moins de portes possible, et disons même que, pour être sûr qu'aucun canon ennemi ne franchira la barrière des Alpes, il vaudrait mieux qu'il ne s'y trouvât pas de route du tout. Mais, quelque légitimes que soient, à la suite de nos revers, les préoccupations ayant la défense nationale pour objet, ne serait-ce pas tomber dans une exagération fâcheuse que de compromettre des intérêts industriels et commerciaux considérables, par crainte d'une éventualité presque chimérique? La neutralité de la Suisse n'est pas un vain mot. D'autre part, rien n'est moins difficile que d'intercepter un grand tunnel. Aussi, pour que des voies ferrées débouchant par souterrain vers la France, restassent ouvertes à un ennemi venant de la vallée du Tessin, il faudrait admettre, non pas la violation de la neutralité de la Suisse, mais sa connivence.

Ajoutons enfin que le Saint-Gothard se trouve dans les conditions qu'on redoute pour le Simplon La vallée de la Reuss où il débouche confine à celle du Rhône; une route de poste les rejoint. Il n'y a donc pas, au point de vue militaire, une grande différence d'efficacité entre les deux passages. Si le danger existait, ce que nous ne pensons pas, le Simplon, loin de le créer, l'aggraverait à peine.

Quoiqu'il en soit, c'est sous l'influence de ces préoccupations stratégiques que l'attention s'est portée vers le mont Blanc et qu'on a mis en lumière le fait singulier que présente le massif des Alpes en ce point. L'épaisseur de la muraille y est, en effet, beaucoup moins forte que ne porteraient à le croire l'énorme élévation du faîte qui la domine et l'éloignement de cols fortement accusés. De là, la pensée qu'on trouverait peut-être, à la base du mont Blanc, une route plus courte encore que par le Simplon. Cette supposition est une erreur, si l'on ne déroge pas au principe des majorations pour fortes pentes, qui pour nous est l'expression de la vérité.

Deux percements sont possibles au mont Blanc. Pour l'un, de 14 kil. 8 de longueur, les têtes du tunnel seraient à l'altitude 1,050 mètres; pour l'autre, de 11 kil. 5 de longueur, ces têtes seraient respectivement à 1,300 et à 1,155 mètres. Les abords sont aussi relativement assez faciles. Au sud, par la vallée de la Dora Baltea, on monte sans fortes rampes jusqu'à Aoste. Au nord, on peut s'élever également sans fortes rampes jusqu'à Sallanches, par la vallée de l'Arve, et ces deux points : Aoste et Sallanches, ne sont plus qu'à 78 kilomètres l'un de l'autre par le tracé bas; qu'à 81 kilomètres par le tracé haut.

Il suit de là qu'au point de vue des distances réelles, Genève, qui est par le Simplon à 347 kilomètres de Milan, ne se trouve par le mont Blanc que de quelques kilomètres plus éloigné; 352 kilomètres tracé bas, 355 kilomètres tracé haut. Mais le calcul des majorations ne laisse pas subsister cette équivalence presque complète, et donne, pour l'un des tracés, 32 kilomètres de déficit, pour l'autre 71 kilomètres.

Genève est cependant, de ce côté des Alpes, le point que le mont Blanc dessert le plus avantageusement. Pour la ligne de Paris à Milan, les différences de parcours s'élèvent, en effet, à 97 kilomètres par le tracé bas, à 136 kilomètres par le tracé haut.

Il est vrai que ces itinéraires sont mesurés en suivant, par Ambérieu et Culoz, la ligne actuelle de Bourg à Bellegarde, et que les partisans du mont Blanc espèrent trouver, entre ces deux points, une voie plus courte. Ici encore nous croyons qu'ils se trompent. Il existe bien, en effet, entre Bourg et Bellegarde, un tracé par Lacluze et le lac de Silans qui, au lieu de 114 kilomètres, — distance par la voie ferrée actuelle entre ces deux points, — ne présente que 62 kilomètres de développement. Mais ce tracé s'élève à l'altitude de 600 mètres, et rachète, par des rampes de 28 millimètres, une somme de hauteurs de 475 mètres, et par des rampes de 25 millimètres, une somme de hauteurs de 400 mètres, ce qui entraîne une majoration de parcours de 54 kilomètres. La distance pratique de Bourg à Bellegarde, par Lacluze, se trouve ainsi portée de 62 à 116 kilomètres, et dépasse de 2 kilomètres la distance par le Lyon-Genève. Il n'y a donc pas à compter là sur un raccourci.

On peut avec plus de raison, du côté du sud, admettre une abréviation de parcours au débouché de la vallée de la Dora dans celle du Pô, entre Ivrée et la grande ligne de Turin à Milan, à Santhià; mais il faut pour cela construire une ligne nouvelle, et si l'on comptait, pour le Simplon, les raccourcis analogues que peuvent donner de nouveaux tracés entre Paris et Milan, la balance serait plus que rétablie.

La solution qu'offre le mont Blanc n'en reste pas moins fort remarquable et tout à fait digne d'attention; mais le Simplon conserve toutefois une supériorité marquée. La différence de longueur des tunnels est faible, mais celle des altitudes notable. Au mont Blanc, le tunnel le plus bas serait de plus de 300 mètres au-dessus de celui du Simplon, et n'aurait pas, comme ce dernier, l'avantage de soustraire complètement la traversée des Alpes à l'influence des climats de montagne.

Envisagé d'ensemble, le mont Blanc conduit, dans la vallée du

Pô, beaucoup trop près de Turin. Il constituerait, pour le Piémont, une doublure du mont Cenis, mais ne serait pas la vraie route de la Lombardie et de l'Italie centrale. C'est par la vallée du Tessin qu'il faut déboucher sur Milan et Plaisance. C'est ce que fait le Saint-Gothard, et seul le Simplon peut rivaliser avec lui.

VII

Ce qui nous reste à indiquer, ce sont les conditions pratiques auxquelles l'exécution du passage du Simplon est subordonnée.

Nous avons dit plus haut qu'il y a 309 kilomètres de distance réelle entre Pontarlier et Arona, points où les lignes conduisant au Simplon se soudent à des voies ferrées déjà construites et ayant d'autres destinations. Mais, sur une grande partie de ce parcours, existent des sections en exploitation, ainsi qu'un tronçon indépendant du grand passage et près d'être terminé. Ce qui reste à construire s'étend seulement de Sierre à Arona, sur 134 kilomètres.

L'évaluation des 38 kilomètres de Brigue à Domo, comprenant le grand tunnel et formant la section centrale, nous a conduit à la somme de..................................	83.000.000 »
Nous avons, en outre, en portant, ce qui est large, à 350,000 francs par kilomètre le coût des abords, évalué la dépense des 96 kilomètres complémentaires à..................................	33.000.000 »
Ensemble..........................	116.000.000 »

Telle est, en dehors des intérêts à servir, en cours d'exécution, aux titres de la section centrale, la dépense totale à faire pour mener à terme l'opération du Simplon.

Il y aurait avantage à rendre solidaires les diverses parties de cet ensemble, car, le tunnel ouvert, le produit net des lignes d'accès dépassera notablement, la charge correspondant à une dépense de 350,000 francs par kilomètre. Mais, afin de ne pas mêler à des prévisions purement financières des considérations d'une autre nature, nous supposerons que jusqu'à Brigue, d'une part, et jusqu'à Domo de l'autre, ces lignes d'accès restent distinctes de l'opération principale, sauf à y contribuer dans la mesure des avantages qu'elles sont appelées à en retirer.

Nous avons, dans notre travail antérieur, évalué à douze ans la durée totale de percement du tunnel. D'après ce qui se passe au Saint-Gothard, ce délai est d'un tiers trop long. Nous conserverons néanmoins cette donnée, comme base de raisonnement.

Les 83 millions applicables à la section de Brigue à Domo se décomposent en : 63,400,000 fr. pour le tunnel, 19,600,000 fr. pour les abords. La première somme est à appeler en douze ans, par fractions égales; la seconde peut n'être appelée que dans les deux dernières années

Dans ces conditions, le service des intérêts exigerait, si l'entreprise n'était pas subventionnée, 21,184,000 fr.; mais cette partie de la dépense se réduirait, dans l'hypothèse d'une subvention de 48 millions, — c'est le chiffre qui avait été demandé à l'Assemblée nationale, — à la somme de 5,517,000 fr.

Dans le premier cas, le capital nécessaire s'élèverait donc à 104,184,000 fr.; mais il ne dépasserait pas, dans le second, 40,517,000 fr.

Cela posé, quel produit brut peut-on admettre pour le Simplon? L'ancien réseau du Lyon-Méditerranée, qui comprend des lignes de premier ordre, mais d'autres peu productives, arrivait, en 1873, au rendement kilométrique de 71,584 fr. 85. Y a-t-il exagération à supposer que le rendement de la ligne du Simplon approchera de cette moyenne? Nous croyons avoir, dans notre travail antérieur, démontré le contraire. On peut donc fixer sans crainte le produit brut kilométrique de la ligne internationale à 60,000 fr., et en appliquant le tarif, comme nous l'avons toujours fait dans nos appréciations de frais de transport, à la longueur majorée

— exactement double de la longueur réelle — la recette kilométrique rapportée à celle-ci s'élève à 120,000 fr. En déduisant les frais d'exploitation, fixés à 40,000 fr. par kilomètre réel, ce qui est considérable, il reste pour produit net kilométrique 80,000 fr., et pour les 38 kilomètres, 3,040,000 fr.

Rapporté à un capital à constituer de moins de 41 millions, ce produit est rémunérateur; il permettrait même de réduire dans une certaine mesure la subvention totale à affecter à l'opération.

Les chiffres qui précèdent ne sont évidemment que des approximations, mais, en les calculant, on a toujours tendu à rester au-dessous de la vérité plutôt qu'à se placer au-dessus.

La durée d'exécution et le coût des travaux du grand tunnel sont certainement cotés trop haut. Il n'a été tenu compte ni des facilités spéciales d'installation qu'offre le Simplon, ni des heureuses conditions géologiques du percement, ni des perfectionnements et économies que la pratique des grands travaux apporte toujours dans leur exécution. D'après les prix appliqués au percement du Saint-Gothard, — lesquels sont notablement au-dessous déjà de ceux du mont Cenis, — le Simplon, au lieu de 63,400,000 francs, comme nous l'avons supposé, ne coûterait pas plus de 60 millions, double voie comprise. Nous nous sommes donc réservé une marge en dehors même de toutes autres éventualités favorables.

Quant au rendement probable, qui doit aussi, pensons-nous, faire l'objet d'études plus détaillées que ne le comportait le cadre de notre travail, nous avons la confiance que, quelque approfondies qu'elles soient, ces études ne nous convaincront pas d'exagération.

En définitive donc, moyennant un concours des gouvernements intéressés, concours qu'il sera judicieux de réduire autant que possible, l'entreprise du Simplon présente tous les caractères d'une opération financièrement pratique.

Au Parlement italien, tout récemment, le député Ferrari qualifiait ce percement de véritable *bénédiction* pour la rive droite du Lac Majeur. C'est mieux et plus que cela pour la France et l'Angleterre. Pour notre pays surtout, c'est une œuvre indispensable. L'opinion publique, en France, est lente à s'éveiller, et laisse volontiers au gouvernement le soin de prévoir pour elle. Mais elle ne tardera pas à comprendre à quel point le Saint-Gothard menace notre puissance commerciale; elle sentira qu'il faut conjurer à tout prix ce danger; qu'il s'agit là d'un intérêt national de premier ordre, et la percée du Simplon s'exécutera.

Paris, avril 1875.

Paris. — Imp. Nouv. (assoc. ouv.) 11 rue des Jeûneurs.— G. Masquin et Cie.

www.ingramcontent.com/pod-product-compliance
Lightning Source LLC
LaVergne TN
LVHW020455230826
846091LV00008BA/3223

* 9 7 8 2 0 1 6 1 9 2 6 1 0 *